DU CONCOURS

ENTRE

L'INSCRIPTION

LA TRANSCRIPTION ET LA SAISIE

EN MATIÈRE HYPOTHÉCAIRE

Par A. JALOUZET

CONSERVATEUR DES HYPOTHÈQUES A PITHIVIERS

PARIS

BERGER-LEVRAULT ET Cie, LIBRAIRES-ÉDITEURS

5, RUE DES BEAUX-ARTS, 5

MÊME MAISON A NANCY

1882

DU CONCOURS

ENTRE

L'INSCRIPTION

LA TRANSCRIPTION ET LA SAISIE

EN MATIÈRE HYPOTHÉCAIRE

Par A. JALOUZET

CONSERVATEUR DES HYPOTHÈQUES A PITHIVIERS

PARIS

BERGER-LEVRAULT ET Cⁱᵉ, LIBRAIRES-ÉDITEURS

5, RUE DES BEAUX-ARTS, 5

MÊME MAISON A NANCY

—

1882

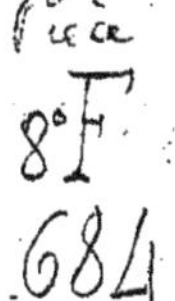
Pièce
8°F
684

DU CONCOURS

ENTRE L'INSCRIPTION, LA TRANSCRIPTION ET LA SAISIE

EN MATIÈRE HYPOTHÉCAIRE

Le *Répertoire général pratique du Notariat,* en publiant, sous le n° 238, un jugement rendu par le tribunal civil de Forcalquier, le 30 décembre 1880, a attiré notre attention sur une question des plus graves et des plus délicates en matière hypothécaire. Il s'agit du concours entre deux formalités hypothécaires effectuées le même jour : l'inscription d'une hypothèque et la transcription de la vente des biens hypothéqués. Le tribunal, après avoir reproduit les arguments du jugement de Die, dont nous parlerons plus loin, a conclu en faveur de la vente, portée avant le bordereau sur le registre des dépôts.

Nous ne pouvons, pour notre part, accepter cette jurisprudence, bien que, parmi les théoriciens les plus accrédités, les uns aient adopté une opinion analogue et que les autres aient renoncé à donner une solution. Nous avons dès longtemps exposé cette idée, que c'est aux praticiens qu'il appartient de réformer la théorie lorsqu'ils en ont constaté les défauts ou les dangers : ce sera encore ici notre excuse.

Nous ne nous bornerons pas à examiner la question jugée. Pour rendre notre étude plus complète, nous l'étendrons à tous les cas où deux formalités hypothécaires peuvent se trouver en concurrence ; mais nous ajouterons immédiatement que nous ne nous attacherons qu'aux formalités effectuées de bonne foi, au moins en ce qui regarde l'une des parties, et non à celles opérées par suite de manœuvres dolosives, lesquelles n'ont aucun rapport avec le droit civil.

On peut ranger en six catégories les formalités hypothécaires qui peuvent se trouver en concurrence ; ce sont :

1° Deux inscriptions ;

JALOUZET.

2° Deux transcriptions de saisies ;

3° Deux transcriptions de ventes ;

4° Une inscription et une saisie ;

5° Une inscription et une transcription de vente ;

6° Deux transcriptions de vente et de saisie.

Nous indiquerons d'abord, pour chacune de ces catégories, l'état de la doctrine et de la jurisprudence ; nous donnerons ensuite nos observations personnelles tant au point de vue de la pratique qu'à celui de la théorie, et nous terminerons en examinant quelle serait la solution à adopter si ces formalités venaient à être demandées simultanément.

I. — Le concours de deux inscriptions ne peut donner lieu à aucune difficulté. On ne peut mettre en question le principe posé par l'article 14 de la loi du 11 brumaire an VII, reproduit dans les articles 2134 et 2147 C. civ., et conservé malgré les attaques dont il a été l'objet, lors de la discussion de la loi de 1855. (V. P. Pont, *Commentaire-Traité des privilèges et hypothèques*, n° 734.) D'après ces articles en effet, l'hypothèque n'a de rang que *du jour* de l'inscription, et les créanciers, inscrits *le même jour* exercent leurs hypothèques en concurrence, sans distinction entre l'inscription du matin et celle du soir.

Cette sage prescription a pour but d'empêcher les parties de se livrer à des assauts de vitesse en matière de procédure ; au regard du conservateur, elle évite les contestations qui pourraient s'élever sur l'heure du dépôt et écarte tout soupçon de connivence avec l'une des parties. C'est ce qu'a bien compris le législateur belge qui, tout en interprétant autrement le concours de deux transcriptions, a reproduit dans l'article 81 les dispositions de l'article 2147 C. civ. (Laurent, XXX, n° 550).

II. — Il en est de même pour deux saisies présentées le même jour à la transcription ; aucune difficulté ne peut se produire, puisque, aux termes de l'article 679 C. proc. civ., le conservateur doit refuser de transcrire celle qui lui a été présentée la dernière.

III. — En ce qui concerne le concours de deux transcriptions, il y a diversité d'opinions.

La loi belge (art. 124) admet la préférence d'après la priorité d'inscription au registre des dépôts. M. Laurent (*loc. cit.*) approuve et appuie cette solution légale.

MM. Rivière et Huguet (*Questions théoriques et pratiques*, 203 et 204) proposent de donner la préférence soit à l'acquéreur qui a été mis le premier en possession, soit à celui dont l'acte aura acquis date certaine le premier. Cette solution n'est pas juridique, puisqu'elle ne tranche pas la difficulté à l'égard des actes notariés qui ont date certaine du jour de leur rédaction (C. civ., 1319) et que, quant aux actes sous signatures privées dont l'enregistrement fixe la date (C. civ., 1328), elle donne à cette formalité un effet supérieur à celui de la transcription. Elle est de plus en opposition avec les conclusions du rapport de M. de Vatisménil (Rivière et François, *Explication de la loi sur la transcription*, n° 48), et elle a sa source dans un ordre d'idées que la loi de 1855 a eu pour but de repousser.

MM. Rivière et François (*op. cit.*, n° 50), MM. Aubry et Rau (3ᵉ éd., II, p. 54 et suivantes) et M. Fons (*Précis de la loi du 23 mars* 1855, n° 45) disent que la préférence doit se déterminer par l'ordre du registre des dépôts.

Les rédacteurs du Répertoire général du Journal du Palais (*supplément*, Vᵒ *Transcription*, n° 131) admettent la priorité résultant du registre des dépôts comme constituant un fait incontestable.

Flandin (*De la Transcription*, nᵒˢ 920 et suivants) est d'avis que, jusqu'à preuve contraire, la priorité doit être accordée d'après l'ordre du registre des dépôts.

Suivant M. Mourlon (*Revue pratique*, 1856, I, p. 479, et *Traité de la Transcription*, II, n° 517), il n'y a pas à se préoccuper de ce que les ventes ont été transcrites le même jour; il y a seulement une transcription qui remplit le vœu de la loi et une transcription postérieure. Ce jurisconsulte regarde comme antérieure non pas la pièce déposée la première, mais celle qui a été portée la première sur les registres de formalité; il se fonde sur ce que le conservateur peut se tromper et ne pas opérer les formalités d'après l'ordre du registre des dépôts et sur ce que ce registre n'a aucune valeur légale. Cette opinion est partagée par M. Verdier (*Transcription hypothécaire*, 2ᵉ éd., I, n° 386).

IV. — Nous n'avons rien trouvé dans la doctrine ni dans la jurisprudence relativement à la concurrence entre une inscription et une saisie; mais il est vraisemblable que les mêmes systèmes seraient appliqués par leurs auteurs. M. Verdier (*op. cit.*, n° 389) a la bonne foi de reconnaître que la règle qu'il a posée lui fait défaut et qu'il faut recourir au registre des dépôts.

V. — Nous voici maintenant arrivé au concours qui peut avoir lieu entre une inscription et une transcription.

Dans la jurisprudence, nous trouvons :

1° Un jugement du tribunal de Bagnères, du 24 février 1859 (S. 60, 2, 427 ; *Journ. des Conservateurs,* 1655). Le tribunal décide que, d'après l'article 2200 C. civ. et la loi de 1855, la transcription ne produit d'effet que du lendemain du jour où elle a eu lieu. Cette décision est généralement critiquée comme étant une réminiscence de l'ancien article 834 C. proc. civ., qui ne faisait courir les délais de quinzaine que du lendemain du jour de la transcription.

2° Un jugement du tribunal d'Arras du 5 juillet 1860 (S. 60, 2, 481) qui accorde la priorité à l'acte dont l'inscription au registre des dépôts constate qu'il a été présenté le premier.

3° Un jugement du tribunal de Die, du 17 juin 1868 (*Revue du Notariat,* 2365 ; *Journ. Cons.,* 2341 ; D. P. 69, 3, 91 ; S. 69, 2, 153) dont voici l'analyse :

L'article 2147 du Code civil n'a statué que pour les inscriptions, et on ne peut étendre aux transcriptions l'exception formelle faite en faveur des inscriptions. Il ne s'agit donc que de la priorité absolue de temps. Lorsque la loi attribue certains droits à cette priorité, il suffit qu'elle existe, ne fût-ce que d'une fraction d'heure. On peut en outre répartir le prix du gage commun entre plusieurs hypothèques, tandis qu'on ne peut attribuer des effets proportionnels à une inscription et à une transcription. En fait, la vente a été portée sous le n° 260 au registre des dépôts et l'inscription d'office a été effectuée sous le n° 272, tandis que le bordereau a été déposé sous le n° 263 et formalisé sous le n° 273. D'un autre côté, le messager, porteur des pièces, parti de la Motte-Chalanson le 16 mars 1867, est arrivé à Die le dimanche 17, et il a dû évidemment remettre ou faire remettre l'expédition à la conservation des hypothèques le lundi 18 mars à 8 heures du matin, tandis que le jugement donnant naissance à l'hypothèque n'ayant été rendu que le 18, vers une heure, n'a pu être déposé avant trois heures, à cause des formalités d'enregistrement et d'expédition.

4° Enfin, le jugement du tribunal de Forcalquier que nous avons cité plus haut. Le tribunal décide que l'article 2147 C. civ. constitue une dérogation aux principes généraux et ne peut être étendu aux cas qui n'ont pas été spécialement prévus. Lorsque l'inscription a été formée, la transcription avait eu lieu, de sorte que l'inscription est sans valeur. On ne peut admettre qu'une inscription prise au moment de la fermeture du bureau produise les mêmes effets que si elle avait été formée le matin et prime ainsi la transcription qui avait été opérée auparavant, comme le démontre le registre des dépôts.

Voici maintenant les solutions de la doctrine.

Troplong (*De la Transcription*, n⁰ˢ 192 et 193) conclut en disant qu'il est impossible de poser une règle fixe; le juge doit se baser sur les circonstances parmi lesquelles on peut placer l'ordre d'inscription sur le registre des dépôts. — C'est le régime de l'arbitraire.

MM. Aubry et Rau (3ᵉ édit., III, § 174, p. 55) s'appuient sur l'article 2200 C. civ. pour décider que l'antériorité de la remise des pièces constitue pour les parties un droit acquis, et que c'est par la priorité du numéro d'ordre du registre des dépôts que se détermine la préférence.

MM. Rivière et Huguet (*op. cit.*, 202) ne peuvent prendre parti entre l'acquéreur et le créancier.

M. Mourlon (*Rev. pratique*, 1856, I, p. 477 et suivantes) soutient la même opinion qu'il a professée (V. § III ci-dessus) et dit que c'est le premier acte transcrit matériellement qui l'emporte.

M. Verdier (*op. cit.*, 389) reconnaît que son système est inapplicable, puisque les formalités sont opérées sur deux volumes différents.

M. Fons (*op. cit.*, 54) paraît accepter la préférence de l'inscription sur la transcription.

Flandin (*op. cit.*, 925) admet l'ordre du registre des dépôts et rejette la préférence exclusive de l'inscription, par le motif que l'acquéreur peut avoir payé son prix comptant ou pensé à faire une compensation.

Ducruet (14 *bis*) et Sellier (170 et 225) disent qu'un droit d'hypothèque et un droit de propriété sur le même immeuble ne sont pas incompatibles et qu'on peut admettre la concurrence.

MM. Rivière et François (*op. cit.*, 96) affirment que la difficulté est insoluble.

VI. — Le concours entre une vente et une saisie a été d'abord diversement interprété : quelques auteurs, notamment Flandin (*op. cit.*, 904) maintiennent que la saisie ne confère aucun droit réel sur l'immeuble, et que par conséquent la vente, quoique non transcrite, mais antérieure à la saisie, doit la primer. Cette doctrine est très-controversée. (Voir les décisions indiquées au *Dictionnaire de jurisprudence hypothécaire* de M. Émion, p. 548, n°ˢ 11 et 12.) Nous citerons en outre un arrêt rendu par la cour de Paris, le 9 février 1877 (*Journ. Cons.*, 3086; *Revue du Notariat*, 5361; D. P. 77. 2. 74). La cour décide que la saisie portant le n° 1955 du registre des dépôts et la vente le n° 1982, et que le conservateur étant présumé s'être conformé aux prescriptions de l'article 2200 C. civ., la saisie a été transcrite avant la vente; elle ajoute que la saisie, une fois transcrite, anéantit la propriété aux mains du vendeur et rend nulle la vente transcrite postérieurement.

M. Verdier (*op. cit.*, 388) confesse une fois de plus que son système ne peut recevoir d'application et s'en réfère à l'opinion de Troplong.

Aucune de ces solutions ne peut satisfaire la pratique, qui exige des décisions nettes et applicables à tous les cas et qui n'admet comme légale que la différence par jour et non par heure, sauf en ce qui concerne les dispositions des articles 679 et 680 C. proc. civ.

L'inscription faite au registre des dépôts peut rarement avoir lieu tout de suite, soit à cause du nombre de pièces remises au conservateur qui doit les lire et les examiner avec soin avant de les accepter, soit parce que ce fonctionnaire est alors livré à des recherches dont il ne peut se distraire sous peine de commettre de graves erreurs. (On voit dans l'art. 679 C. proc. civ. la preuve de cette affirmation.) Il en résulte qu'on place dans une liasse les pièces au fur et à mesure de leur remise jusqu'au moment où elles peuvent être portées sur le registre des dépôts. Qui peut dire que, malgré toute l'attention possible, les pièces sont ensuite prises dans l'ordre exact d'arrivée? Qui peut affirmer qu'il ne se présente jamais d'erreur, soit qu'une pièce glisse hors de la liasse, soit que toutes les pièces qui la composent tombent pêle-mêle?

Mais, dira-t-on, l'ordre sera réglé par le numéro du bulletin de dépôt que le conservateur est tenu, aux termes de l'article 2200, C. civ., de remettre aux parties. Nous répondrons que le bulletin de dépôt doit, suivant ce même article, porter l'indication du numéro du registre, d'où il résulte nécessairement que le bulletin ne peut être rédigé que lorsque la pièce est déposée. Par conséquent, il faut toujours attendre que le dépôt ait été fait, ce qui exclut l'idée qu'on peut exiger le bulletin immédiatement. La question reste donc entière.

De plus, beaucoup d'officiers publics et de particuliers envoient par la poste leurs pièces qui sont ainsi reçues simultanément; il faut néanmoins les classer et leur donner un numéro d'ordre. Dans le cas de transcription de saisie, le conservateur est dans l'obligation, pour écarter toute espèce de contestation, de vérifier immédiatement s'il n'existe pas de saisie antérieure; puis il enregistre la pièce. Cette manière de procéder fait que la saisie est presque toujours relevée au registre des dépôts avant les pièces qui ont été remises auparavant au bureau.

Après ces explications, peut-on logiquement conclure que, de ce qu'une pièce a été portée avant une autre au registre des dépôts, elle ait été remise la première au conservateur? Il suffit que ce registre puisse, dans certains cas, induire en erreur pour qu'on ne lui accorde, relativement au cas qui nous occupe, aucune confiance.

Cette thèse n'est pas nouvelle : elle a été soutenue avant nous par Hervieu (*Dictionnaire des privilèges et hypothèques*, p. 894, n° 52) et consacrée par l'expérience de tous les conservateurs; de plus elle est conforme à l'opinion de MM. Mourlon et Verdier. Il n'y a donc aucune présomption à tirer du rang d'inscription au registre des dépôts.

Quant au système de ces derniers auteurs, nous dirons qu'il ne peut pas se soutenir devant la pratique. En effet, on sait qu'il existe au moins deux registres de transcription dans chaque conservation d'hypothèques, et il est recommandé aux conservateurs de répartir chaque jour, à peu près également, les transcriptions sur chaque registre. Que sera-ce lorsqu'il s'agira d'un bureau où les registres de transcription sont au nombre de 8 ou 10 ? Quelle sera la conclusion de ces auteurs, lorsque les deux transcriptions seront portées sur deux registres différents ?

Mais si la priorité ne peut résulter ni du registre des dépôts, ni de celui des transcriptions, comment arrivera-t-on à la solution de la question qui nous occupe ? A l'aide du droit et de la logique.

L'article 2147 Code civil a tranché la question pour les inscriptions, et on peut dire que la concurrence étant admise entre deux droits aussi exclusifs et aussi opposés que ceux des créanciers, il est nécessaire de l'étendre aux autres formalités. Nous avons vu qu'on avait lutté vainement pour modifier cet article ; nous remarquons dans M. Laurent (*op. et loc. cit.*, 550) avec quelle force de logique il critique la loi belge. Cet illustre jurisconsulte se montre du moins conséquent dans son système, et s'il admet que la priorité du temps l'emporte pour les transcriptions, il voudrait qu'il en fût de même pour les inscriptions.

C'est au nom de cet article 2147, dont on voulait maintenir l'intégrité, qu'ont été résolues toutes les questions dans lesquelles il s'agissait d'inscriptions. Nous allons montrer l'erreur de ces solutions : notre démonstration sera simple et brève. Supposons que deux hypothèques soient inscrites, l'une le matin, l'autre le soir, et qu'une transcription ait été opérée à midi, de manière que les heures soient placées en dehors de toute contestation, on dira, d'après l'opinion admise, que la première inscription a été faite en temps utile et que la seconde ne l'a pas été. Il est évident néanmoins que cette décision viole ouvertement l'article 2147, puisqu'il en résulte que deux créanciers, inscrits le même jour, n'exercent pas leurs droits en concurrence.

Cette argumentation irréfutable nous oblige d'adopter les deux principes suivants :

1° L'heure n'exerce aucune influence sur le mérite relatif des inscriptions, lors même qu'elles seraient en concurrence avec d'autres formalités hypothécaires ;

2° Pour que les inscriptions prises pendant la durée de l'ouverture du bureau aient la même valeur et priment toutes les autres formalités effectuées le même jour, il faut nécessairement admettre qu'elles sont censées remonter toutes à l'ouverture du bureau.

Nous croyons avoir établi clairement que dans tous les cas où une inscription se trouve en concurrence avec d'autres formalités, c'est celle-ci qui doit avoir la priorité sans avoir égard à l'heure. Avons-nous besoin de démontrer que notre théorie est d'accord avec l'équité ?

L'acquéreur ne doit pas payer son prix avant que les états d'inscription et de transcription délivrés par le conservateur lui apprennent qu'il peut le faire sans danger. Nul n'ignore que dans la pratique les parties déclarent que le prix est payé comptant, tandis que, en réalité, ce prix est conservé par les notaires qui ne le remettent aux vendeurs qu'après la délivrance de ces certificats. Or, quel danger l'acquéreur court-il à trouver une inscription de plus sur l'immeuble qu'il acquiert, puisqu'il n'a pas payé son prix, puisqu'il est toujours libre de délaisser ou de payer ?

Pour la concurrence entre l'inscription et la saisie ou la transcription et la saisie, la question est encore plus simple. Le saisissant est un créancier inscrit, et c'est un cas chimérique que celui où il ne possède qu'une créance chirographaire ou bien une créance hypothécaire dont l'inscription est périmée. Que peut-il redouter, puisque l'inscription ne

vient qu'après lui et ne peut lui faire perdre son rang hypothécaire ?
En quoi la vente peut-elle lui préjudicier? Ce n'est ni le vendeur ni le
propriétaire qui doit la somme, c'est l'immeuble qui en garantit le
paiement.

Malgré l'autorité légitime de Flandin, nous pensons que l'acquéreur et
le saisissant n'ont aucun risque à courir, et nous regardons comme
plus digne d'intérêt le créancier qui peut être ainsi exposé à perdre
son gage.

La loi n'a rien réglé pour la concurrence des transcriptions. On
pourrait tirer un argument de l'article 2200 C. civ., qui prescrit aux
conservateurs de tenir jour par jour un registre sur lequel ils inscri-
vent les remises qui leur sont faites d'actes de mutation pour être
transcrits. Or, jour par jour ne veut pas dire minute par minute.

Nous ajouterons que le point de départ nous paraît faux, puisqu'on
admet que chaque partie possède un droit absolu et que l'une a ainsi
le pouvoir d'exclure l'autre. Nous nous sommes souvent demandé
pourquoi on refuse d'admettre l'indivision entre deux personnes qui
acquièrent le même immeuble, tandis que la loi a imposé l'indivision
des créances entre deux prêteurs de fonds.. Sur quoi fonde-t-on cette
opinion qu'on ne peut étendre aux transcriptions le texte de l'article
2147 C. civ., qui concerne les inscriptions, bien qu'il soit admis par
tous, théoriciens et praticiens, que l'article 5 de la loi du 23 mars 1855,
qui est spécial aux transcriptions, s'applique également aux inscriptions?

Avec cette théorie, tout est clair ; avec la jurisprudence tout est en
question. Nous avons vu quelle confiance on peut avoir dans la priorité résultant du registre des dépôts ; nous dirons qu'il en est de même
de la valeur des présomptions établies par les tribunaux. Pourra-t-on
dire avec les juges de Die que le messager de la Motte-Chalançon a dû
s'éveiller de bonne heure le lundi 17 mars 1867, qu'il a dû penser immédiatement à charger une personne de porter à la conservation des
hypothèques la vente dont il s'agissait au procès et que cette tierce
personne n'a eu rien de plus pressé que d'effectuer ce dépôt? Peut-on
affirmer qu'il a fallu au moins trois heures pour rendre le jugement,
le coucher par écrit et l'expédier, bien qu'il soit admis qu'on peut
prendre une inscription au vu de la minute du jugement? Non ; ce
n'est pas avec de tels motifs qu'on fonde une jurisprudence, lorsqu'on
peut, avec le droit seul, obtenir ce résultat.

Tous les arguments que nous venons d'employer peuvent nous servir pour trancher la difficulté prétendue insoluble résultant du dépôt simultané de pièces à formaliser. Ce cas est plus fréquent qu'on ne le pense. Nous allons en citer un exemple recueilli dans le *Journal des Conservateurs*, n° 3201. Le 10 octobre 1878, à 8 heures du matin, un avoué soumettait à la formalité de l'enregistrement une saisie immobilière, lorsque arrive un huissier, porteur d'une seconde saisie pour la faire enregistrer également. L'enregistrement terminé, l'avoué se rend immédiatement à la conservation des hypothèques; l'huissier, libre à son tour, coupe au plus court et arrive bon premier dans cette course au clocher d'un nouveau genre. Mais pendant que l'huissier, en présentant ses salutations et ses excuses, tire la saisie de sa poche, l'avoué entre précipitamment et, du seuil de la porte, lance sa pièce sur le bureau du conservateur. La question était de savoir laquelle des deux saisies était la première, avec cette circonstance que celle de l'huissier était suivie de sa dénonciation, tandis que celle de l'avoué n'avait pas été dénoncée.

Nous n'avons pour des luttes de ce genre qu'une médiocre estime, puisque la plupart du temps, comme dans le cas qui nous occupe, les droits des créanciers ne sont pas en cause ; il s'agit uniquement de l'intérêt pécuniaire des officiers ministériels qui sont alors dirigés par une certaine avidité. Ainsi dans le cas de concurrence de deux saisies, quel avantage peut-il y avoir que la saisie soit faite à la requête de tel créancier ou de tel autre ? La situation de ces créanciers sera-t-elle changée ? Évidemment non. La question de priorité ne serait donc qu'une question d'honoraires.

Aucun auteur, sauf Flandin, n'a osé trancher la question de simultanéité. Ce jurisconsulte dit (*op. cit.*, 926) que, dans le cas de présentation simultanée de deux ventes, on doit décider que l'acquéreur qui a la priorité est ou celui qui est le premier en date, ou celui qui a été mis le premier en possession, ou enfin celui qui aurait traité le premier avec le vendeur.

Cette solution est incomplète, illogique et illégale ; elle est incomplète, car il peut se trouver des actes pour lesquels on ne puisse établir les conditions autres que celle de la présentation ; elle est illogique, car, d'après le système de ce jurisconsulte même, on ne peut admettre que les pièces ont été remises en même temps, puisque le contraire résulte des numéros d'ordre du registre des dépôts ; elle est illégale, puisqu'on substitue à la date de la transcription des dates que la loi de 1855 a eu pour but de proscrire. N'est-il pas beaucoup plus sage, plus raisonnable d'admettre que les deux acquéreurs posséderont indivisément, sauf à en référer aux tribunaux, s'ils ne peuvent s'entendre.

M. Verdier (*op cit.*, n° 391) pose la même question, mais il la résout à l'aide de moyens spécieux.

Nous résumerons donc cette étude en disant que les inscriptions viennent en concurrence entre elles, mais priment toutes les formalités effectuées dans la même journée; les transcriptions viennent ensuite concurremment entre elles, et la saisie est censée la dérnière.

A. JALOUZET,
Conservateur des hypothèques à Pithiviers.

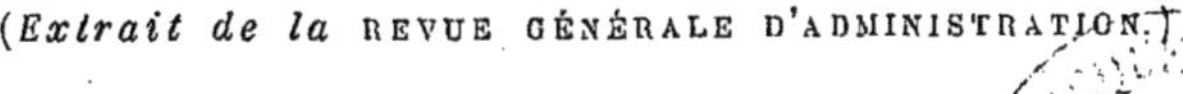

(*Extrait de la* REVUE GÉNÉRALE D'ADMINISTRATION.)

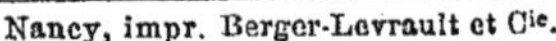

Nancy, impr. Berger-Levrault et Cie.

LIBRAIRIE ADMINISTRATIVE BERGER-LEVRAULT ET Cie

PARIS, 5, RUE DES BEAUX-ARTS. — MÊME MAISON A NANCY

DICTIONNAIRE

DE

L'ADMINISTRATION FRANÇAISE

PAR

M. MAURICE BLOCK

MEMBRE DE L'INSTITUT

AVEC LA COLLABORATION DE MEMBRES DU CONSEIL D'ÉTAT, DE LA COUR DES COMPTES
DE DIRECTEURS ET CHEFS DE SERVICE DE DIVERS MINISTÈRES, ETC.

NOUVELLE ÉDITION

ENTIÈREMENT REFONDUE, AUGMENTÉE ET MISE A JOUR (1877)

Un volume in-8° de xv-1856 pages, renfermant la valeur de 28 volumes ordinaires
Prix, broché, **30** fr. ; relié en demi-chagrin, plats toile, **34** fr. **50** c.

SUPPLÉMENTS ANNUELS

paraissant en novembre, même format que le Dictionnaire.

En vente : I (1878) à IV (1881).

Prix de chaque supplément . . . . **2** fr. **50** c.

REVUE GÉNÉRALE D'ADMINISTRATION

5e ANNÉE. — 1882

Publiée sous les auspices du ministère de l'intérieur, paraissant en 12 livraisons
mensuelles, à partir du 20 janvier de chaque année. — Chaque livraison
comprend 8 feuilles de texte gr. in-8° (128 pages), chaque année forme
3 volumes avec tables et couvertures.

Prix de l'abonnement : Paris : Un an . . . . **30** fr.
Départements et Union postale : Un an . . . . **33** fr.

LIBRAIRIE ADMINISTRATIVE BERGER-LEVRAULT ET Cie

Manuel électoral. Guide pratique de l'électeur et du maire, comprenant les élections municipales, départementales, législatives, etc., par GUERLIN DE GUER, chef de division à la préfecture du Calvados. 1880. Un volume in-12 de 378 pages, broché. **3 fr. 50 c.**
  Relié en percaline. . . . . **4 fr. 50 c.**
Loi sur la liberté de réunion, promulguée le 30 juin 1881, accompagnée d'extraits des délibérations des Chambres et de notes, par GUERLIN DE GUER. 1881. In-12, br. **50 c.**
Petit Dictionnaire d'administration communale, par A. SOUVMON, chef de division à la préfecture de la Seine. 1880. 1 vol. in-12, broché, 1 fr. 50 c.; relié en percale. **2 fr.**
Guide manuel de l'officier de l'état civil. Instructions pratiques suivies d'un grand nombre de formules, par L. A. LEMPFRIT DE SAINT-VENANT, juge de paix, 1880. In-12, broché. . . . . **1 fr. 50 c.**
Le Ministère des Finances, son fonctionnement, suivi d'une étude sur l'organisation générale des autres ministères, par J. JOSAT, sous-chef de bureau au ministère des finances. Un très fort volume grand in-8° de 1,000 pages, broché. . . . . . **15 fr.**
De l'Organisation municipale de Paris sous l'ancien régime, par Paul ROBIQUET, avocat au Conseil d'État, 1882. Gr. in-8°, broché. . . . . **1 fr. 50 c.**
Comment se fait la loi, par Alfred BONSERGENT, attaché à la présidence du Sénat. — I. La Constitution. — II. Le Pouvoir exécutif. — III. Le Sénat. — IV. La Chambre des députés. — V. Le rôle éventuel des conseils généraux. — VI. La procédure parlementaire. 1881. In-12, broché. **1 fr. 50 c.**
Les Conseils de préfecture. Procédure, travaux, législation, par Paul DAUVERT, sous-chef au greffe du conseil de préfecture de la Seine, 1881. Gr. in-8°, broché. **3 fr. 50 c.**
Guide pratique des candidats aux examens de l'administration centrale du ministère des finances, par J. JOSAT, sous-chef de bureau au ministère des finances. 1882. Gr. in-8°, broché. . . . . **3 fr.**
Projet de création d'une caisse de prévoyance des fonctionnaires civils, par Jules LIÉGEOIS, professeur à la Faculté de droit de Nancy. 1881. Gr. in-8°, broché. . **1 fr.**
L'Impôt des prestations, par un ancien agent voyer. 1882. Gr. in-8°. . . **1 fr. 25 c.**
Les Débits de boissons, par E. GUERLIN DE GUER, chef de division à la préfecture du Calvados. 1881. Gr. in-8°, broché. . . . . **75 c.**
De la Légalisation des signatures par les maires, par H. MORGAND, rédacteur au ministère de l'intérieur. 1881. Gr. in-8°, broché. . . . . **2 fr.**
Du Pouvoir réglementaire, par Camille BAZILLE, avocat à la Cour d'appel de Paris. 1881. Gr. in-8°, broché. . . . . **75 c.**
Des Autorisations et des contrats portant concession en ce qui concerne l'éclairage au gaz dans les villes, par R. TOUTAIN, professeur de droit à la Faculté de Caen. 1882. Gr. in-8°. . . . . **1 fr.**
De l'Avenir des biens communaux en France et particulièrement dans les pays sectionnaires, par F. Juillet SAINT-LAGER, secrétaire général de préfecture. 1882. Gr. in-8° . . . . **2 fr.**
Les Cloches au point de vue séculier. Attributions des maires, par A. COLAS, secrétaire en chef de la sous-préfecture de Cambrai. 1881. Gr. in-8°, broché . . . **75 c.**
Le Barreau allemand. Étude sur les *Rechtsanwælte* (avocats-avoués), d'après la loi d'empire du 1er juillet 1878, par G. FLACH, docteur en droit, notaire à Nancy. 1882. Gr. in-8°, broché. . . . . **2 fr.**
La Loi concernant les aliénés. Mémoire adressé à la Commission chargée d'élaborer un nouveau projet de loi, par J. DE CRISENOY, ancien conseiller d'État, ancien directeur au ministère de l'intérieur. 1882. Gr. in-8° . . . . **2 fr. 50 c.**
Les Établissements d'utilité publique, par Élie DE BIRAN. 1882. Gr. in-8°. **1 fr. 75 c.**
Les Institutions nationales de sourds-muets et le ministère de l'intérieur, par Th. DENIS, sous-chef de bureau au ministère de l'intérieur. 1882. Gr. in-8°. . **1 fr.**
Libéralités charitables. Capacité des établissements ecclésiastiques et des bureaux de bienfaisance, par Léon BÉQUET, maître des requêtes au Conseil d'État. 1882. Gr.-8°, broché. . . . . **1 fr. 75 c.**
Les Indigènes algériens (israélites et musulmans) et l'impôt arabe, par Camille BAZILLE, avocat à la cour d'appel de Paris, 1882. Gr. in-8°, broché . . . . . **50 c.**

Nancy, imp. Berger-Levrault et Cie

www.ingramcontent.com/pod-product-compliance
Ingram Content Group UK Ltd.
Pitfield, Milton Keynes, MK11 3LW, UK
UKHW020119100726
13658UKWH00005B/2255